CHEMIN DE FER

DIRECT

DE MARSEILLE A TURIN

PASSANT

PAR NICE ET LE COL DE TENDE.

CHEMIN DE FER

DIRECT

DE MARSEILLE A TURIN

PASSANT

PAR NICE ET LE COL DE TENDE.

RAPPORT

DE M. DURANDY

INGÉNIEUR

à la Chambre de Commerce de Nice.

NICE

TYPOGRAPHIE, LITHOGRAPHIE ET LIBRAIRIE S. C. CAUVIN ET Cᵉ

6, *rue de la Préfecture*, 6.

—

1874

TABLE DES MATIÈRES.

CHEMIN DE FER

DIRECT

DE MARSEILLE A TURIN

PASSANT

PAR NICE ET LE COL DE TENDE.

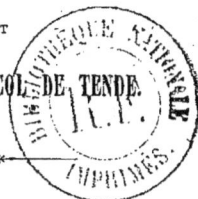

MESSIEURS,

Vous avez bien voulu me charger de l'honorable mandat de vous présenter un rapport sur la question d'un chemin de fer direct de Marseille à Turin, destiné à relier, au moyen d'une voie rapide et économique, le Midi de la France avec l'Italie du Nord. Avant de présenter cette étude, j'ai voulu visiter les différents tracés proposés, afin de me rendre un compte bien exact des avantages et des inconvénients de chacun d'eux.

Dans ce travail, je rechercherai d'abord quelles sont l'utilité et l'importance de cette voie ferrée. Ensuite, je procéderai à l'analyse sommaire des différentes lignes, pour établir un parallèle entr'elles sous le rapport technique et sous le rapport commercial, et je finirai ce rapport par un résumé de la question.

§ 1ᵉʳ.

Quelles sont l'utilité et l'importance d'une voie
ferrée directe de Marseille à Turin ?

Entre le Mont-Cenis et la ligne du littoral de Gènes il y a une distance de 160 kilomètres à travers laquelle les Alpes rendent toute communication excessivement difficile et coûteuse.

Le centre et le Nord de la France sont desservis directement par le chemin du Mont-Cenis, tandis que les communications du Midi avec le Piémont ne peuvent avoir lieu que par Gênes, ou par le Mont-Cenis avec une augmentation de parcours très-considérable. Cependant peu de pays sentent autant que la Provence et le Piémont le besoin d'une communication facile et rapide, et cela s'explique facilement lorsqu'on pense que les produits agricoles et industriels d'une de ces contrées sont de nature toute différente de ceux de l'autre. Le bassin du Pô donne en abondance les céréales et les bestiaux, qui font presque complètement défaut dans le Midi de la France, qui en échange peut envoyer en Piémont tous les produits des pays du Midi.

En facilitant les communications entre ces deux régions on provoquera une réduction sensible dans le prix de la viande et de toutes les denrées alimentaires que le Piémont nous envoie, et on arrivera ainsi à rendre la vie moins chère.

Dans l'état actuel l'échange a lieu par les chemins de fer du Mont-Cenis et de Gênes, et par deux voies charretières, dont une passe par le Mont-Genèvre, et l'autre par le col de Tende.

CHEMIN DE FER DE MARSEILLE À TURIN

Signes Conventionnels.

Villes Chef-Lieu de Département ....
id. d'Arrondissement ....
id. Canton
Limites d'État ....
Chemins de Fer exploités ....
id. projetés ....

Échelle.

L'importance d'une communication directe entre Nice et le Piémont a été telle de tout temps, que, déjà au XVII° siècle, elle avait provoqué la construction d'une des premières et des plus coûteuses routes de cette époque. On avait même conçu le projet de percer, à travers les Alpes, un tunnel de 3 kilomètres, travail qui eut un commencement d'exécution sur 164 mètres, et qui, repris par le Gouvernement Italien, est en cours d'exécution depuis l'année dernière.

M. de Cavour lui-même avait déjà, dans une discussion au Parlement italien, reconnu que cette voie ferrée était d'une utilité incontestable (1).

Dans un rapport que j'ai présenté l'année dernière au syndicat formé à Nice, dans l'intérêt de ce chemin de fer, en calculant l'économie qu'on aurait réalisé sur les frais de transport des marchandises, bestiaux et voyageurs, qui en 1871 ont traversé le col de Tende, je suis arrivé a établir une différence de 2,756,000 fr. (2); économie très-importante, et qui à

(1)« Desiderava che il Governo potesse por mano a quell'impresa grandiosa e di non dubbia utilità sia per Nizza, e la contea sia pel bacino dell'alto Po, dell'alto Tanaro, che tal cosa sarebbe forse resa più facile dalla riunione di Nizza alla Francia, giacchè il Governo dovrebbe concorrere ed in larga parte alla sua esecuzione, che la Francia vi avrebbe interesse poichè in tal guisa procurrebbe sfogo ai prodotti della contea di Nizza e della Provenza, nelle valle del Po, e viceversa faciliterebbe l'acquisto delle numerose derrate che le località ora menzionate ritraggono dal Po.

« Che il Governo non poteva prendere impegno di occuparsi immediatamente di quella pratica ma che a tempo opportuno non dubitava che chi sarebbe al potere si preoccuperebbe dell' impresa.»

(2) Le transport de la tonne coûte par le col de Tende, de

elle seule suffirait pour justifier la construction d'un chemin de fer, puisqu'elle couvrirait, et au-delà, les intérêts du capital à dépenser, sans tenir compte de tous les autres avantages qu'une voie ferrée procure au commerce, à l'agriculture et aux voyageurs.

L'existence d'un bassin houiller, compris entre l'Esterel et Toulon, est aujourd'hui assurée, et si les sondages qu'on fait dans ce moment aboutissent à des résultats sérieux, la ligne par le col de Tende sera naturellement la voie par où passeront ces charbons pour aller en Piémont, où le combustible fait complètement défaut. Mais sans attendre ces résultats encore incertains, le bassin des lignites des Bouches-du-Rhône, qui envoie déjà une grande partie de ses charbons en Italie, trouverait dans cette ligne une voie directe pour les diriger sur le Piémont.

Le littoral de la Méditerranée, compris entre Toulon et San Remo, est devenu le rendez-vous des

Coni à Nice, par le courrier, 100 fr., et par charrette 60 à 70 fr. Les voyageurs dépensent en moyenne 20 fr.; pour un bœuf, les frais de conduite et la perte du poids s'élèvent à la somme de 68 fr., pour les veaux à 17 fr., pour les moutons à 7 fr., pour les porcs à 30 fr. D'après ces données :

Bœufs-Vaches . .	25,000 à fr. 68	—	1,713,600.
Veaux	14,000 à fr. 17	—	238,000.
Moutons. . . .	53,000 à fr. 7	—	371,000
Porcs.	11,200 à fr. 30	—	336,000
Marchandises T. . .	6,200 à fr. 70	—	431,000
Voyageurs	12.000 à fr. 20	—	240,000
			3,332,600
A déduire les frais par chemin de fer . . .			575,827
Économie réalisée.			2,756,773

malades du Nord et de tous ceux qui peuvent fuir les brouillards et les neiges du Nord pour venir jouir du soleil et de l'air pur de ces contrées privilégiées de la nature. La seule ville de Nice possède pendant toute la saison d'hiver plus de 12,000 étrangers; Hyères, Cannes, le Golfe-Jouan, Antibes, Monaco, Menton, Bordighiera et San Remo en comptent autant. De sorte que tous les ans une population riche de 24,000 étrangers profiterait de cette ligne pour arriver dans le Midi en automne et pour le quitter au printemps; et pendant toute la saison d'hiver elle jouirait de la réduction dans les prix des denrées alimentaires que la ligne par le col de Tende provoquerait. Aussi cette voie, non-seulement garantirait à cette région la prospérité actuelle, mais assurerait la marche progressive de son développement.

Le Piémont, pays éminemment agricole et qui est en voie de devenir industriel, trouverait à Nice et à Menton deux ports d'importation et d'exportation (1).

Les ports de Nice et de Menton, sans vouloir faire la concurrence aux ports de Gênes et de Marseille, qui sont dans des conditions exceptionnelles sous le rapport géographique et financier, pourraient cependant participer dans une certaine mesure au commerce général de l'Europe, comme le démontre le tableau des distances avec les principaux centres industriels

(1) Turin se trouverait à 143 k. de Savone, et 207 de Nice.

Coni	—	127	—	119	—
Salusses	—	132	—	149	—
Pinerol	—	191	—	193	—

(La ligne Salusses, Pinerol et Coni, exécutée).

de la Suisse, et qui sont en même temps les points de passage d'une partie du commerce du Nord.

	MARSEILLE.	GÊNES			NICE	
		St-Gothard.	Mont-Cenis.	Le Lukmanier.	St-Gothard.	Mont-Cenis.
Bâle................	771	520	...	...	662 (1)	...
Berne..............	677	516	...	...	613	...
Genève............	518	...	477	...	...	485
Glaris.............	880	...	...	495	674	...
Lausanne..........	579	...	538	...	...	552
Lucerne...........	769	424	...	...	566	...
Neufchâtel	642	571	...	...	615	...
Schaffhouse	830	512	...	...	654	...
Saint-Gall.........	887	...	...	503	680	...
Zurich	802	451	...	...	596	...

Ce tableau nous indique que Nice se trouve, à peu de choses près, dans la même situation que Gênes pour le passage du Mont-Cenis. Quant au chemin de fer du St-Gothard, elle est loin d'être aussi favorisée que Gênes, néanmoins c'est le port français qui plus que tout autre peut en profiter.

L'importance d'un chemin de fer résulte du chiffre du produit brut kilométrique. Voyons à quelle somme s'élèverait ce produit sur le chemin de fer de Marseille à Turin ? Il serait difficile d'apprécier exactement d'avance le transit qui aurait lieu sur cette voie, parce que dans ce moment une partie des marchandises passe par le Mont-Cenis et par la ligne de Gênes, l'autre par les voies charretières du Mont-Genèvre et du col de Tende ; d'autre part les frais de transport, dans l'état actuel, sont si considérables qu'ils rendent impossible le développement de tout commerce entre ces deux pays. Qu'il suffise de dire

(1) La ligne de Santhia, Bellinzona, Orta, Pallanza, Intra, Locarno, exécutée,

que le prix de transport d'une tonne de Nice à Coni, par la nouvelle voie, ne coûtera que 10 francs tandis que dans ce moment il s'élève à 100 fr.

Dans une étude spéciale faite dans le rapport adressé au syndicat de Nice, pour la ligne de Coni à Nice, j'arrivais à un produit brut kilomètrique de 23,000 fr., d'autres ingénieursle portent à 30,000fr., et en général tous les hommes spéciaux, qui se sont occupés de cette question, sont d'avis que ce produit doit varier de 25,000 à 30,000 fr. Ce chiffre est très-important surtout lorsqu'on le compare au produit brut kilométrique du nouveau réseau construit en France, et des lignes Calabro-Siciliennes et Sardes que le Gouvernement Italien a fait exécuter, et qui ne donnent en moyenne que 7,500 fr. par kilomètre.

Ce qui nous donnera surtout une base pour apprécier l'importance de cette ligne, c'est le chiffre des populations des départements et des provinces qui en profiteront.

Du côté de la France on a les départements des Bouches-du-Rhône, du Var, des Alpes-Maritimes, des Basses-Alpes, des Hautes-Alpes, de l'Héraut, de l'Aude, de l'Arriége, des Pyrénées-Orientales et du Gard, formant une population de 2,900,000 habitants.

Du côté de l'Italie on a les provinces de Coni, Turin, Alexandrie, Milan, Novare, Port-Maurice, formant une population de 3,500,000 habitants.

En total une population de 6,400,000 habitants.

§ II.

Tracé par la vallée de la Durance par Briançon
et le col de l'Échelle.

Les tracés proposés pour réunir directement Marseille à Turin, peuvent se résumer à quatre, dont trois placés dans la vallée de la Durance, et un par Nice et le col de Tende. Je commencerai par la ligne de Briançon et le col de l'Échelle.

Ce tracé, en partant de Marseille, se dirige directement sur Aix, (projet à la veille d'être adopté et mis en exécution) avec un parcours de 36 kilomètres; de cette ville la ligne va à Pertuis et Sisteron (ligne en exploitation sur 117 kilomètres). De Sisteron, le Gouvernement, d'accord avec la compagnie, au lieu de continuer à remonter la Durance et d'aller directement à Briançon, a adopté un tracé par la vallée du Buech, qui passe à Veyne et va à Gap (ligne en construction sur 77 kilomètres). Les ingénieurs de la compagnie viennent de faire le projet définitif qui, en partant de Gap, monte sur le col de Chorges, descend à Savines, où on reprend le cours de la Durance, pour la suivre jusqu'à Briançon. Au-delà de cette ville deux tracés ont été étudiés: un, passant par le col de l'Échelle, et l'autre, par le Mont-Genèvre. Le premier s'élève à la côte de 1515^m au-dessus du niveau de la mer, passe les Alpes au col de l'Échelle avec un souterrain de 4,600 mètres, ensuite descend sur 6 kilomètres pour aller rejoindre la gare de Bardonnêche.

L'autre tracé s'élève à la côte de 1,395 mètres, traverse les Alpes sous le Mont-Genèvre avec un tunnel de 8,000 mètres, et va rejoindre le chemin de fer de Mont-Cenis à Oulx.

La compagnie Paris-Lyon-Méditerranée a adopté le premier.

En suivant cette ligne, la distance de Marseille à Turin serait de 425 kilomètres. On pourrait la réduire à 390 kilomètres, en abandonnant le tracé par Gap, et en continuant à remonter la Durance à partir de Sisteron, mais aujourd'hui les travaux sont trop avancés pour admettre cette supposition.

Sous le rapport des pentes on a le 15 p. $^o/_{oo}$ de Marseille à Aix, 15 p. $^o/_{oo}$ pour descendre à Pertuis, 10 p. $^o/_{oo}$ pour monter à Sisteron, 25 p. $^o/_{oo}$ pour aller à Gap, 20 p. $^o/_{oo}$ pour atteindre le plateau de Chorges, 20 p. $^o/_{oo}$ pour descendre à Savines, plus loin entre Embrun et Briançon le 25 p. $^o/_{oo}$, de Briançon au tunnel des Alpes le 28 p. $^o/_{oo}$, et pour descendre à Bardonnêche et à Bossolegno le 30 p. $^o/_{oo}$ sur 47 kilomètres.

Cette ligne ne se trouve pas dans de bonnes conditions sous le rapport des pentes, cependant elle a été adoptée par le Gouvernement et par la Compagnie Paris-Lyon-Méditerranée de préférence à toutes les autres lignes proposées par la vallée de la Durance, et une concession éventuelle a été faite à cette compagnie jusqu'à la frontière avec une subvention de 33,000,000 fr. pour les 100 kilomètres qui se trouvent au-delà de Gap.

Cette ligne est en exploitation sur 204 kilomètres, en construction sur 77 kilomètres, et à la veille d'être exécutée sur 36 kilomètres entre Marseille et Aix ; reste une lacune de 108 kilomètres. La dépense pour la partie à construire est calculée par les ingénieurs de la compagnie à 55 millions.

§ III.

Tracé par les vallées de Queyras et de Pellice et par Pinerol.

Cette ligne se détache de celle que je viens d'analyser, à Mont-Dauphin pour remonter la vallée de Queyras avec des pentes de 20 et 25 p. $^o/_{oo}$ sur 21 kilomètres, ensuite de Queyras à Abriés, sur 13 kilomètres, avec des pentes de 16 p. $^o/_{oo}$, et on pourrait même atteindre Ristolas, à la côte de 1,660 mètres, avec des pentes admissibles dans un chemin de fer, et aller passer les Alpes au col de La Croix, pour sortir à Pra avec un tunnel de 3 kilomètres seulement. Mais dans le versant italien entre Pra et Bobbio le Pellice se précipite avec une pente de 120 p. $^o/_{oo}$.

En sortant même à proximité des ruines du château de Mirabeau, à la côte de 1,560 mètres, après avoir franchi les Alpes avec un tunnel de 6 kilomètres il resterait toujours de la sortie du tunnel à Bobbio une pente de 97 p. $^o/_{oo}$; de sorte que pour ne pas dépasser la pente maxima de 30 p. $^o/_{oo}$, il faudrait chercher un développement artificiel de 19 kilomètres, soit au moyen de lacets de rebroussement soit par des courbes en spirales, expédients toujours fort coûteux, et qui présentent de graves inconvénients.

Au-delà de Bobbio, la ligne descend à Pinerol sans rencontrer de sérieuses difficultés sur 25 kilomètres; et à partir de cette ville on a le chemin de fer en exploitation qui va à Turin.

En suivant ce tracé la distance de Marseille à Turin serait de 395 kilomètres, (1) et si on y ajoute les 19

(1) De Marseille à Mont-Dauphin . . 282
De Mont-Dauphin à Bobbio . . . 50
De Bobbio à Pinerol. 25
De Pinerol à Turin. 38
_____
395

kilomètres de développement artificiels pour réduire
la pente au 30 p. °/₀₀ , on aura 414 kilomètres.

Cette ligne rencontre de sérieuses difficultés d'exécution entre Guillestres et Queyras, et entre Mirabeau et Bobbio, et laisse de côté un centre important
tel que Briançon, ce qui justifie la préférence donnée
par le Gouvernement et par la Compagnie à la ligne
de Briançon ; aussi dans cette étude je ne reviendrai
plus sur ce tracé.

§ IV.

Tracé par Digne, Barcelonnette et Dronero.

L'année dernière on a constitué à Dronero un
comité pour patronner le tracé passant par cette ville,
et proposé par M. Cora, ingénieur.

M. Cora, dans le but de réduire autant que possible la distance entre Marseille et Turin, et pour rendre la nouvelle ligne indépendante de celles existantes,
a proposé un tracé qui, en partant de Marseille, se
dirige sur Trets, Riez, Mézel, Digne, Barcelonnette,
passe les Alpes au col de Santron , descend dans
Val-Maira, passe par Dronero et Saluces, et de cette
ville va directement sur Turin. D'après M. Cora, la
longueur de cette ligne ne serait que de 300 kilomètres, et la dépense de 80 millions. Présentée sous des
apparences aussi séduisantes elle devait nécessairement entraîner l'opinion publique en sa faveur, mais
lorsqu'on l'examine de près, le charme tombe, et il
ne reste plus qu'un tracé qu'on ne peut pas sérieuse-
ment soutenir.

M. Cora, en partant de Marseille, va directement
sur Trets, laissant de côté Aix, proposition qui ne
peut plus être acceptée puisque on va mettre en

2

exécution le tracé direct de Marseille à Aix, où doivent aboutir les deux grandes lignes de la Durance et de Grenoble.

De Trets pour aller à Riez, il faut passer le Verdon, qui se trouve dans une vallée profonde, dont les rives sont escarpées, de sorte que pour traverser cette rivière il faudrait en remonter le cours au moyen d'une contre-pente, ensuite se développer sur la rive droite pour atteindre le plateau de Riez. De Riez à Mézel, il faut encore descendre dans la vallée de l'Asse, qui présente les mêmes inconvénients que celle du Verdon.

Avant d'arriver à Digne on doit encore s'élever avec des pentes de 20 p. $^o/_{oo}$, traverser le faîte avec un tunnel de 1,300 mètres et descendre ensuite dans la vallée de la Bléone.

Le Gouvernement, qui a concédé la ligne de la Durance avec de fortes subventions, pourrait-il accepter une autre ligne parallèle, et dans des conditions de tracé bien inférieures à celle déjà construite?

Ces considérations suffiraient à faire rejeter le tracé de M. Cora; mais au-delà de Digne, pour aller à Barcelonnette, nous allons trouver des difficultés encore plus sérieuses. M. Cora va de Digne à Barcelonnette, en passant par Prax Mouriouan et Foux. Évidemment M. Cora n'a jamais visité cette partie de son tracé, car il se serait aperçu immédiatement que, pour le suivre, il fallait percer un tunnel de 12 kilomètres sous la chaîne de Sestrières, souterrain qui, ne pouvant être attaqué que par les deux bouts, devrait être ouvert au moyen de la perforation mécanique, et qui absorberait à lui seul au moins 30,000.000 de francs, presque la somme totale cal-

culée pour toute la ligne sur le territoire français. de
Barcelonnette à Marseille (1).

Cet exposé sommaire de la partie française du
tracé de M. Cora indique assez clairement qu'il ne
peut pas entrer en parallèle avec les autres lignes
par la Durance. Les ingénieurs de Marseille et de
Digne, qui connaissent les lieux et qui se sont occupés de cette question, partagent complétement cette
manière de voir.

Si on veut faire passer un chemin de fer par Barcelonnette et Val-Maira, le seul tracé rationnel est
celui qui est tout indiqué par le cours naturel des
eaux. A partir de Barcelonnette, descendre l'Ubaye
jusqu'à la Durance, suivre ensuite cette vallée jusqu'à Sisteron, où on trouve la ligne en exploitation.

Ce tracé ne présente pas les contre-pentes du projet de M. Cora; il est plus court puisqu'il évite les dé-
veloppements nécessaires pour traverser le Verdon,

(1) Si on devait tracer un chemin de fer de Barcelonnette à
Digne, il ne conviendrait pas de suivre la route nationale qui
franchit trois faites, les cols du Labouret (1300 m.), de Cou-
loubras (1318 m.) et St-Jean (1380 m.), parce qu'on aurait un
développement considérable de pentes et contre-pentes pour
chaque col et de très-grandes difficultés d'exécution sur le
versant de l'Ubaye pour monter au col St-Jean, il serait pré-
férable de remonter la vallée du Bès, passer en tunnel dans le
bassin de la Blanche, en face de Seyne, sous le col de l'Infer-
net, se développer dans le bassin de Seyne, et aller en souterrain à St-Barthélemy, dans le vallon du Martinet. Ce tracé
présenterait toujours deux tunnels considérables, dont un
plus important que celui des Alpes ; on traverserait partout
des terrains assez difficiles, qui donneraient lieu à de fortes
dépenses de construction et pendant l'hiver on aurait des
quantités considérables de neige dans le bassin supérieur de
la Blanche.

l'Asse et la Bléone. La Blanche n'a pas les longs tunnels ni les grands ouvrages d'art de l'autre tracé ; il réduit considérablement le capital à dépenser, en diminuant la longueur de la partie à construire. Lorsqu'on a visité les lieux on ne peut pas conserver la moindre hésitation à ce sujet, aussi c'est ce tracé que je ferai entrer dans le parallèle que je dois établir plus loin entre les différentes lignes.

En amont de Barcelonnette on remonte l'Ubaye avec la pente de 25 p. °/°° , et on va passer les Alpes sous le col de Sautron à la cote de 1639^m avec un souterrain de 7,400^m, suivant le tracé de M. Cora ; on descend Val-Maira jusqu'à l'Alma avec une pente de 25 p. °/°° , et on se dirige sur Dronero, Saluces et Turin.

La ligne doit-elle aller directement sur Turin, ou bien ne convient-il pas mieux de venir rejoindre le chemin de fer de Coni à Turin, à Savigliano avec un allongement de 12 kilomètres sur la distance totale de Marseille à Turin ?

M. Cora, dans le but de rendre la ligne plus courte, et pour faire profiter la nouvelle entreprise de la partie qui se trouve en plaine, propose la ligne directe ; mais l'Etat et la Compagnie de la Haute-Italie admettront-ils ce tracé? On sait que le Gouvernement Italien a garanti un produit brut de 30,000 fr. par kilomètre sur le réseau du Piémont, il a donc intérêt à augmenter le mouvement sur les lignes de Turin à Coni et à Saluces, qui sont encore loin d'atteindre le produit garanti, tandis qu'en autorisant une ligne presque parallèle, il arriverait à un résultat contraire; de sorte que le Gouvernement s'imposerait un double sacrifice: d'un côté une subvention à donner pour la nouvelle ligne, de l'autre une réduction dans le produit brut des lignes existantes dans cette direction.

En venant souder le tracé à Savigliano au chemin de fer existant, on obtient deux autres résultats importants, le premier de réduire de 40 kilomètres la longueur de la ligne à construire, l'autre d'aboutir directement à Cavallier-Maggiore, d'où partent les lignes d'Alexandrie, d'Asti, de Casale et de Coni. De sorte que les provinces d'Alexandrie, Asti, Alba, Mondovi, qui forment une partie importante du Piémont, seraient mieux desservies que par la ligne directe.

En proposant d'aller souder la ligne à Savigliano on ne peut pas me supposer l'intention d'augmenter la longueur de ce tracé afin de rendre ensuite le parallèle avec la ligne par le col de Tende plus avantageux pour cette dernière, car il serait encore plus facile d'obtenir pour cette ligne, les avantages que M. Cora voulait atteindre en allant directement sur Turin. En effet, il suffirait à partir de Borgo-St-Dalmasso, de diriger la ligne qui vient du Col de Tende sur Turin, pour obtenir un raccourci de plus de 16 kilomètres.

La ligne par Barcelonnette et Val-Maira telle que je viens de l'indiquer aurait une longueur de 409 kilomètres (1).

Elle s'élève à la côte de 1639^m, et passe les Alpes avec un tunnel de 7,400 mètres.

Elle est en exploitation sur 169 kilomètres, à la

---

(1) Marseille, Sistéron...................... 153
Sistéron, Barcelonnette.................. 96
Barcelonnette, Dronero 75
Dronero, Savigliano, Turin.............. 85
                                        ———
                                        409

veille d'être construite sur 36 kilomètres d'Aix à
Marseille, et en lacune sur 203.400ᵐ de Sisteron à
Savigliano.

La dépense peut être calculée à 91 millions (1).

M. Cora, pour rendre Nice favorable à son tracé,
propose en même temps la construction d'un embran-
chement à la ligne principale, qui partirait de la gare
de Fous, à proximité de Barcelonnette, passerait
par Allos, Colmar et la vallée du Var, pour arriver à
Nice. Mais M. Cora ne s'est pas préoccupé de la chaîne
qui sépare la vallée de l'Ubaye de celle du Verdon ;
pour aller du vallon du Meollans à Allos, il faudrait
faire un tunnel aussi considérable que celui des
Alpes ; ensuite pour passer du Verdon dans le Var on
aurait des contre-pentes de 30 p. °/₀₀, et un tunnel de
1500ᵐ, et après avoir surmonté toutes ces difficultés,
on aurait fait un chemin qui mettrait Nice à 228 kilomètres de Coni, et à 232 de Turin, tandis qu'en suivant la ligne de Savone la distance sera de 235 kilomètres pour Coni et 285 kilomètres pour Turin, et
par la ligne du col de Tende 119 kilomètres pour
Coni, et 206 pour Turin.

§ V.

Tracé par Nice et le col de Tende.

Le chemin de fer du littoral, en exploitation entre
Marseille et Nice, formerait la première partie de ce

---

(1) De Sisteron au tunnel des Alpes, 118 k.
à 350 fr. . . . . fr. 41.300.000
Tunnel des Alpes à ouvrir au moyen de la
perforation mécanique, 7400 m . . . . .fr. 15 000.000
Du tunnel à Dronero, 45 k. à fr. 660 . .fr. 29.700.000
De Dronero à Savigliano, 33 k. à fr. 150 fr.   8.000.000

Fr. 94.000.000

tracé ; à partir de cette dernière ville, pour aller à
Coni et à Turin, on peut suivre plusieurs vallées, la
Tinée, la Vésubie et la Roya, ou le tracé intermé-
diaire qui remonte la vallée du Paillon, passe dans la
Beura à Sospel, et au moyen d'un tunnel va rejoindre
le tracé par la Roya, à Breil.

Dans le rapport que j'ai fait l'année dernière au
syndicat constitué à Nice, j'ai examiné ces différents
tracés au point de vue spécial des intérêts de Nice et
de Coni, et j'ai fait ressortir les avantages du tracé
intermédiaire par Sospel. Depuis j'ai dû faire de nou-
velles études par la Roya, et j'ai reconnu que la ligne
par Sospel, malgré les deux tunnels des cols Meras et
Brouis, présente moins de difficultés d'exécution que
la partie inférieure de la vallée de la Roya, dont le
cours tortueux semble défier l'art de l'ingénieur
d'y établir une voie ferrée. Mais le Gouvernement
Italien ayant déclaré n'accepter d'autre ligne que
celle qui descend à Vintimille, on est bien forcé de
suivre cette direction à moins de renoncer à toute
voie ferrée.

On s'explique facilement la décision du Gouvernement Italien qui a voulu obtenir deux résultats; favoriser les relations commerciales du Nord de l'Italie
avec le Midi de la France, et en même temps donner
à la province de Port-Maurice une communication
directe avec le Piémont.

Dans cette étude je me limitérai à développer le
projet par la vallée de la Roya et le col de Tende.
Plusieurs projets ont été faits dans cette direction;
celui dressé en 1857, par M. Cerroti, ingénieur, et
aujourd'hui général dans le génie de l'armée italienne,

mérite une mention spéciale, car il a été fait avec le plus grand soin et la plus grande exactitude, et il a été approuvé par le conseil supérieur des travaux publics en Italie.

Ce tracé présente l'inconvénient assez grave, d'avoir des pentes de 35 p. °/₀₀ sur 6 kilomètres, et 32 p. °/₀₀ sur 4 kilomètres. M. Cerroti ayant bien voulu me communiquer toutes les pièces de son projet, j'ai nouvellement étudié ce tracé, et je suis arrivé à réduire ces pentes au 30 p. °/₀₀. J'ai changé plusieurs autres parties du projet, et la dépense, qui était calculée à 48,000,000 fr. a été réduite à 40,000,000 fr.

Le tracé, ainsi modifié, part de la gare internationale de Vintimille, passe de la vallée de la Roya dans celle de la Beura, qu'il suit jusqu'au col de Giauma, où on revient dans la Roya, on arrive au vallon de Cairos, en face de Saorge, avec des pentes maxima de 18 p. °/₀₀ ; à partir de ce point commence la forte pente de 30 p. °/₀₀ jusqu'au col de Tende à travers des difficultés sérieuses (1). On entre en tunnel à l'altitude de m. 933 pour aller sortir du côté de Limone à la côte de m. 1065 avec un souterrain de 8,380 mètres, dont l'axe ne s'éloigne pas beaucoup du tunnel en construction pour la voie charretière.

Cet ouvrage, pouvant être attaqué sur plusieurs points par des puits convenablement disposés et par une galerie inclinée, pourra être achevé en six ans au moyen de la perforation ordinaire et avec une dépense relativement peu élevée.

(1) Dans mes premières études j'avais adopté une pente de 28 p. °/₀₀ , mais avec le profil définitif de M. Cerroti, j'ai reconnu qu'il convenait d'aller au 30 p. °/₀₀ , afin de réduire l'importance de quelques ouvrages d'art.

Dans cette appréciation du temps nécessaire pour ouvrir le tunnel, je ne tiens pas encore compte des progrès que l'emploi de la dynamite a fait faire à la construction des tunnels, cependant c'est un fait acquis aujourd'hui qu'on peut avec ce nouvel agent obtenir un avancement plus rapide avec une dépense moindre (1).

La ligne à partir de Limone descendrait avec une pente de 30 p. $°/_{oo}$ jusqu'à Robilante sur 13 kilomètres, et de cette ville on irait à Coni avec la pente maxima de 13,5 p. $°/_{oo}$ sur 15 kilomètres.

La longueur totale de ce tracé est de 83 kilomètres et la dépense est calculée à 40 millions.

La distance de Marseille à Turin en suivant ce tracé serait de 429 kilomètres.

On pourrait obtenir un raccourci de 12 kilomètres en faisant aboutir au Luc la ligne qu'on va construire par Gardanne, St-Maximin, au lieu d'aller à Carnoules, de même on pourrait faire disparaître l'angle que la ligne de Coni à Turin fait à Fossano, et gagner ainsi 7 kilomètres, ce qui réduirait la distance de Marseille à Turin à 410 kilomètres.

Cette ligne est en exploitation sur 346 kilomètres, et en lacune sur 83 kilomètres seulement.

(1) Sur la ligne de Montpellier à Rodez, dans un tunnel percé dans une roche très-dure on a obtenu un avancement de 1m 30 tandis qu'avec la poudre on n'arrivait qu'à 0m 40. Dans le tunnel de Biasca, sur la ligne du littoral de Gênes, la main-d'œuvre pour le déblai d'un mètre cube de roche en petite section s'est élevé à 8 fr. 68 avec la dynamite et à 15 fr. 42 avec la poudre.

§ VI

Parallèle sous le rapport technique entre lés trois lignes, par Briançon ; — par Barcelonnette et Dronero ; — par Nice et le Col-de-Tende.

J'arrive à la seconde partie de ce travail que je considère comme la plus importante, car elle doit nous prouver que la ligne par le Col-de-Tende présente des avantages considérables sur les autres deux, tant sous le rapport technique qu'au point de vue commercial.

J'aurai certainement établi la supériorité de cette ligne si j'arrive à prouver : 1° que le prix de revient du transport d'une tonne de marchandise de Marseille à Turin y est moins élevé ; 2° que son exécution exige un capital et une subvention moins importante ; 3° qu'elle dessert une population plus considérable ; 4° que sous le rapport climatérique elle se trouve dans de meilleures conditions que les autres deux ; 5° que l'échange des produits et le mouvement des voyageurs dans cette direction est beaucoup plus considérable que sur les lignes de la Durance.

Le prix de revient du transport d'une tonne de marchandise de Marseille à Turin, en tenant compte des pentes qu'on a sur les trois lignes et d'après les résultats obtenus dans l'exploitation du réseau de la Haute-Italie, où on rencontre de fortes pentes, serait de 15 fr. 70 sur la ligne de Briançon, 12 fr. 70 sur la ligne de Dronero et 10 fr. 76 sur celle de Nice et le Col-de-Tende.

Cette différence s'explique facilement si on tient compte de l'altitude à laquelle s'élèvent les trois tracés pour passer en tunnel sous les Alpes, qui est de 1515ᵐ pour la ligne de Briançon, 1639ᵐ pour celle de Barcelonnette et Dronero et 1065ᵐ au Col-de-Tende.

Quel est le prix que le commerce devra payer pour le transport d'une tonne de marchandise de Marseille à Turin ? En prenant pour base le prix moyen en vigueur sur le réseau Paris-Lyon-Méditerranée de 0 fr. 065 par tonne et par kilomètre, et 0 fr. 10 sur les parties à fortes pentes dépassant le 15 p. °/₀₀ (1), et 0 fr. 081 (tarif moyen sur le réseau de la Haute-Italie), on arrive à 34 fr. 52 pour la ligne de Briançon, 30 fr. 56 pour celle par Dronero et Barcelonnette, et 32 fr. 177 pour la ligne de Nice et le col de Tende. (2)

(1) Sur les fortes pentes, on ne peut pas admettre les tarifs de 0 fr. 065, parce que les frais de transport seraient plus considérables que les prix perçus.

(2)   *Ligne Briançon.*

De Marseille à Veyne 203 kilom. à 0 fr. 065   13 195
Veyne à Bossolegno 176 » à 0 fr. 10   17 600
Bossolegno à Turin 46 » à 0 fr. 081   3 726

                               34.521

Ligne par Dronero et Barcelonnette.

Marseille à Barcelonnette 249 kilom. à 0 fr. 065   16 185
Barcelonnette à Dronero 75 » à 0 fr. 10   7 50
Dronero à Turin   85 » à 0 fr. 081   6 88

                               30 56

Ligne de Nice et le col de Tende.

Marseille à Vintimille 289 kilom. à 0 fr. 065   16 830
Vintimille à Coni.... 83 » à 0 fr. 10   8 306
Coni à Turin........ 87 » à 0 fr. 081   7 049

                               32 185

De prime abord, il semble que l'avantage est en faveur de la ligne par Dronero et Barcelonnette, mais si on considère que les tarifs que les Compagnies appliquent sont bien inférieurs aux tarifs légaux, il est facile de comprendre que les Compagnies consentiront plus facilement à réduire leurs tarifs sur la ligne où ils réaliseront un bénéfice plus considérable.

En retenant les chiffres que je viens d'indiquer, le bénéfice pour les Compagnies sera de 18 fr. 80 par tonne sur la ligne de Briançon, de 17 fr. 96 sur celle par Dronero et Barcelonnette, et 21 fr. 53 sur la ligne de Nice au col de Tende.

Pour porter le bénéfice sur les deux autres lignes au chiffre que nous avons obtenu sur celle de Nice, les frais de transport par le commerce devront être de 37 fr. 28 par tonne sur la ligne de Briançon, 34 fr. 13 sur celle de Dronero et Barcelonnette ; de sorte que le commerce par la ligne de Nice réaliserait un bénéfice de 5 fr. 103 par tonne sur celle de Briançon, et 1 fr. 953 sur celle de Dronero.

Si on suppose un produit brut kilométrique de 25,000 fr., l'économie pour le commerce en faveur de la ligne de Nice sera de 1,275,700 fr. par an sur celle de Briançon, et 488,000 fr. sur celle par Dronero et Barcelonnette.

Quelle est la subvention nécessaire pour exécuter ces lignes ?

Commençons par la ligne de Briançon, et admettons un produit kilométrique de 25,000 fr. pour toute la partie à construire, on aura une recette brute de 2,700,000 fr.

La proportion de la dépense d'exploitation avec le produit brut, en tenant compte des pentes, sera sur cette ligne de 46 p. %, et il restera comme recette nette par kilomètre 13,500 fr., et en total 1,458,000 fr, correspondant à raison du 6 p. %, à un capital de 24,300,000 fr.; la dépense étant calculée à 55 millions, la subvention nécessaire sera de 31,700,000 fr., chiffre qui se rapproche sensiblement de la subvention promise par le Gouvernement à la Compagnie.

En procédant de la même manière pour la ligne de Dronero et Barcelonnette, et en tenant compte que la dépense sera dans la proportion du 50 p. % de la recette brute, on arrive à une recette nette de 2,580,000 fr. correspondant à un capital de 42 millions

La dépense étant calculée à 91 millions, la subvention devra être de 48,500,000 fr.

La ligne par le col de Tende nous donne les résultats suivants :

La proportion de la dépense au produit brut sera du 53 p. %, et la recette nette de toute la ligne sera de 975,250 fr. correspondant à un capital de 16,254,000 fr.

La dépense étant calculée à 40 millions, la subvention devra s'élever à 23,740,000 fr.

La ligne par Briançon présente encore un autre inconvénient fort grave. La partie du chemin du Mont-Cenis comprise entre Salbertrand et Bossolegno, a été exécutée pour une seule voie, elle a une pente de 30 p. %, avec de nombreux tunnels et ouvrages d'art. Dans ce moment, 48 trains par jour circulent sur cette voie unique, et il serait bien difficile de pouvoir y ajouter le mouvement qui viendrait par la vallée de la Durance ; de sorte qu'il serait nécessaire d'exécuter une seconde voie qui donnerait lieu à une dépense presque aussi considérable que celle d'une nouvelle ligne, dépense qu'il faut prévoir, et ajouter à celle que nous avons déjà trouvée pour la ligne de la Durance.

Quelle est la position des trois lignes sous le rapport climatérique?

Toutes les fois qu'on doit choisir un tracé de chemin de fer qui passe à travers les Alpes, il faut toujours se préoccuper des conditions climatériques du pays qu'on doit parcourir.

A mesure qu'on s'élève, le climat devient plus rigoureux, la masse de neige augmente, les avalanches et la tourmente rendent, sur quelques points, l'établissement et l'exploitation d'un chemin de fer très-coûteux, et on s'expose à de fréquentes interruptions dans le service.

Nous avons peu de données pour déterminer la quantité de neige qui tombe aux différentes hauteurs des Alpes, et souvent encore des circonstances spéciales de localité viennent modifier sensiblement les conditions générales :

Les observations faites au col de Tende, au Mont-Cenis, au St. Gothard prouvent seulement que les pays placés au Nord des Alpes, reçoivent à la même altitude une plus forte quantité de neige que ceux qui sont dans les autres expositions. En général la neige arrive à un mètre à l'altitude de 1.200 mètres sur le niveau de la mer, à 1.500 mètres elle s'élève sur quelques points à 1 m. 50 et sur d'autres à 4 mètres, au-dessus de cette côte la quantité de neige augmente considérablement, surtout dans les parties exposées à la tourmente.

On rencontre très-peu d'avalanches dans les versants français sur les lignes de la Durance, mais on a dans les parties supérieures de ces vallées des quantités assez considérables de neige, et quelques points battus par la tourmente.

Sur les versants Italiens la neige est encore plus considérable.

La ligne par le col de Tende ne s'élevant qu'à 935 mètres du côté du midi et à 1.065 mètres sur le versant nord, son point culminant se trouvant ainsi plus bas de 450 mètres que le passage du col de l'Echelle, et de 600ᵐ que le tunnel du Sautron, sur la ligne de Dronero et Barcelonnette, elle doit nécessairement jouir de conditions climatériques meilleures.

On rencontre quelques avalanches dans la Vermeguana entre Limone et Vernante, mais elles sont toutes sur la rive gauche, tandis que le tracé passe sur la rive droite, et à une hauteur sur le fond de la vallée qui le met complètement à l'abri.

Ces considérations climatériques doivent être prises en grande considération dans le choix d'une ligne, afin d'éviter les interruptions du service pendant la saison d'hiver, et pour ne pas être exposés aux tourmentes et aux avalanches, circonstances qui donnent lieu à une dépense considérable pour tenir la voie ouverte.

§ VII.

Parallèle entre les trois lignes sous le rapport commercial.

Le premier élément à examiner est l'importance des populations qui profiteront des différentes lignes. Il est évident que les populations de Turin, Marseille et des pays qui se trouvent au-delà de ces deux villes, ne doivent pas entrer dans ce calcul, puisqu'elles jouiront également des trois lignes.

Ligne de Briançon.

Département des Hautes-Alpes......Hab.	122.000
Département des Basses-Alpes........	143.000
Département de Vaucluse pour les arrondissements d'Apt, Carpentras et Avignon..........................	190 000
Département des Bouches-du-Rhône, canton de Peyrolles..............	6.000
Du côté de l'Italie, arrondissement (circondario) de Suse...............	82.000
	543.000

Ligne de Barcelonnette et Dronero.

Département des Basses-Alpes........	143.000
Département des Hautes-Alpes, arrondissements de Gap et d'Embrun......	94.000
Département de Vaucluse, arrondissement d'Apt, Carpentras et Avignon..	190.000
Canton de Peyrolles...............	6.000
Province de Coni.................	618.000
	951.000

Ligne par Nice et le col de Tende.

Département des Alpes-Maritimes......	199.000
Département du Var............ ...	308.000
Du côté de l'Italie, province de Coni....	618.000
Province de Port-Maurice (1)...	127.000
	1.252.000

(1) Le point-mort entre la ligne par le col de Tende et celle par Savone se trouve à Diano-Marina pour aller à Coni et à Alassio pour Turin.

Le rapport des populations desservies par les trois lignes serait de 5 pour Briançon, 9 pour Barcelonnette et Dronero et 12 pour Nice.

Un chemin de fer est d'autant plus utile que les produits des pays qu'on veut mettre en communication sont de nature différente.

Le Piémont donne en abondance les céréales et les bestiaux. La vallée de la Durance possède exactement la même culture et les mêmes produits, tandis que ces denrées font presque complétement défaut dans le département du Var, dans celui des Alpes-Maritimes et dans la province de Port-Maurice. En échange, cette région pourrait envoyer en Piémont, tous les produits des pays du Midi.

Il est difficile de rencontrer deux régions si rapprochées, mais qui par leur position topographique se trouvent dans des conditions de climat et de production agricole aussi différentes.

Lorsque on étudie cette question, même d'une manière superficielle sur des considérations générales, ont est frappé de la différence qui existe sous ce rapport entre les lignes par la Durance et celle par Nice. Les éléments de statistique viennent confirmer cette première impression en faveur de la ligne de Nice.

Depuis plusieurs siècles l'échange des produits entre le Piémont et le comté de Nice a toujours été très-considérable. Nice pendant longtemps a été le port du Piémont, et une voie charretière a été ouverte à travers de grandes difficultés par le Col-de-Tende.

Malgré tous les inconvénients du passage du Col, en hiver surtout, cette ligne a toujours été une

8

grande voie commerciale, et encore aujourd'hui que
le Piémont a plusieurs issues sur la mer, ainsi que le
chemin de fer de Gênes, le transit qui passe par le
Col-de-Tende est encore important. Lorsqu'on pense
à travers quelles difficultés ce mouvement a lieu
pour franchir les trois Cols de Tende, de Brouis et
de Braus, on est forcé de reconnaître que le besoin
d'échange des produits entre ces deux régions doit
être bien puissant.

. La vallée de la Durance possède elle aussi une
voie charretière pour aller en Piémont, qui passe par
le Mont-Genèvre, chemin assez facile, toujours ouvert en hiver ; cependant quelle différence ne trou-
ve-t-on pas entre le transit qui passe par ce Col et
celui qui a lieu par Tende !

Dans les statistiques des deux bureaux de douane
de Cesanne pour le passage du Mont-Genèvre, et
de Tende, pour[le passage du Col-de-Tende, nous
aurons les éléments certains pour nous fixer sur
l'importance relative du commerce du Piémont avec
la vallée de la Durance, et avec les départements des
Alpes-Maritimes et du Var.

Je me limite à donner dans ce tableau les principales marchandises à l'importation et à l'exportation
pendant l'année 1872.

NATURE DES MARCHANDISES.		Col-de-Tende.	Mont-Genèvre.
Chevaux, mulets et ânes..........		560	927
Bœufs et vaches.................		14.062	4.100
Veaux.......................		8.450	150
Moutons.....................		54.445	7.817
Porcs :..................		7.325	4.413
Viande fraîche et salée...........	kilog.	410.000	10.758
Œufs et volailles.................	»	1.142.190	»
Fromage	»	58.500	3.441
Beurre.......................	»	63.300	»
Céréales et farines...............	»	457.000	235.000
Vins......................	litre.	300.000	590.000
Huile.......................	kilog.	32.000	2.796
Légumes secs et leur farine........	»	28.000	»
Fruits frais et autres.............	£	693.000	7.254
Bois de construction	»	500.000	»
Chanvres, cocons et laines........	»	28.500	13.800
Graisse et miel.................	»	5.500	3.139
Foins	»	634.000	»
Bourre de soie	»	»	378.032
Cocons......................	»	3.000	174.706
Pommes-de-terre.............	»	28.300	725.355
Pâtes d'Italie..................	»	34.800	7.629
Matériaux....................	»	8.300	117.629
Houille......................	»	»	430.774
Peaux.......................	»	17.000	4.517
Châtaignes.................	»	158.660	2.232
Cire	»	4.200	»
Savons......................	»	16.000	8.653

Le tonnage par le Col-de-Tende est de 15,000 tonnes, et par le Mont-Genèvre de 5,000 tonnes, ainsi le transit par le Col-de-Tende est trois fois plus considérable que celui du Mont-Genèvre.

En appliquant à toutes ces marchandises les tarifs en vigueur sur les chemins de fer, on arrive à un produit brut kilométrique de 1,400 fr. pour le Mont-Genèvre et 4,230 francs pour le Col-de-Tende.

La province de Port-Maurice n'entre pour rien dans le transit actuel du col de Tende. N'ayant pas de voie ouverte dans cette direction, son commerce avec le Piémont à lieu par la ligne de Gênes ou par la route d'Oneglia Ceva. Pour tenir compte de cette province, il faut augmenter les chiffres trouvés d'un tiers, ce qui porte le produit brut kilomètrique à 5,700 fr.

Les départements du Var et des Alpes-Maritimes, à cause des interruptions de la route du Col-de-Tende en hiver et des frais considérables de transport sur cette ligne, font venir une partie des produits qu'ils tirent du Piémont par la ligne de Gênes et par la voie maritime. On peut calculer sans exagération que dans l'état actuel, le total des échanges avec le Piémont des deux départements et de la province de Port-Maurice, donnerait un produit brut kilomètrique de 9,000 fr. tandis que pour la vallée de la Durance on ne trouve que 1,400 ; et encore cet échange est dû presque en totalité à la ville de Briançon. De sorte que ces produits ne suivraient la ligne à construire que sur 28 kilomètres, tandis que par le col de Tende ils doivent la parcourir sur toute sa longueur.

Pendant quatre mois de l'année les populations du Piémont, à cause du climat, sont privées de tout travail, tandis que dans le département des Alpes-Maritimes, dans celui du Var et dans la province de Port-Maurice les travaux agricoles et de construction continuent toute l'année. La nouvelle ligne par le Col-de-Tende favorisera le mouvement de cette population, qui en automne descend dans les régions tempérées, pour retourner au printemps en Piémont. Ces émigrations temporaires sont très profitables au Piémont, puisqu'elles donnent un travail assuré à une population qui, sans cela, serait réduite à souffrir pendant tout l'hiver, et à épuiser ses récoltes. Les pays du Midi à leur tour trouvent dans ces excellents ouvriers endurcis à la fatigue, un élément précieux de richesse.

La vallée de la Durance, se trouvant sous le rapport du climat dans les conditions du Piémont, ne peut pas produire le résultat que je viens d'indiquer pour la ligne de Nice.

La zône de la Méditerranée comprise entre Toulon et San-Remo possède pendant toute la saison d'hiver 24,000 étrangers venant du Nord pour jouir du climat de ces pays privilégiés. Les points de passage les plus importants de ces étrangers sont : Milan pour ceux qui ont traversé le St-Gothard, le Simplon ou le Brenner, et Genève pour ceux qui viennent de Berne et de Lausanne. La ligne proposée par le Col-de-Tende, étant la plus directe pour venir de ces deux villes à Nice, profitera nécessairement de ce passage ; tandis que les lignes par la Durance se trouveraient en dehors de ce mouvement.

§ VIII.

Quelle est la ligne la plus favorable à la ville de Turin ?

La ville de Turin, capitale du commerce du Piémont, placée dans une position excellente pour profiter des avantages du chemin de fer du Mont-Cenis, comprend combien lui serait utile une nouvelle ligne qui la reliât avec Marseille, plus directement que par le Mont-Cenis. Aussi la municipalité de cette ville avec un zèle et une activité remarquables se préoccupe de cette question. Elle a fait des démarches actives en faveur de la ligne de la Durance par Briançon, et en même temps elle a promis son appui moral et son concours financier en faveur de la ligne par le Col-de-Tende. Certainement si on pouvait exécuter les deux lignes, Turin aurait tout à gagner à cette solution, mais malheureusement toutes les voies ferrées à travers les Alpes doivent vaincre des difficultés si grandes que leur exécution n'est possible qu'avec le concours des Gouvernements et des villes intéressées, et dans ce moment l'Italie, aussi bien que la France, ne sont pas dans une position financière qui leur permette de donner deux subventions. D'autre part, le transit réparti entre deux lignes rendrait l'opération, commercialement parlant, mauvaise pour la compagnie. Il faut donc prendre une résolution et faire son choix parmi les lignes proposées.

Voyons quelle est celle qui est la plus favorable à la ville de Turin.

Nous avons vu que le prix du transport de la tonne de marchandise entre Turin et Marseille, en égalisant sur les deux lignes le produit net, serait de 37,28 fr. pour la ligne de Briançon, 34,13 fr. pour la ligne de Dronero et Barcelonnette, et 32,177 fr. pour la ligne du Col-de-Tende, ainsi cette dernière ferait profiter la ville de Turin d'une différence de 5, 10 fr. sur la ligne de Briançon, et 1, 95 fr. sur celle de Dronero.

Le tracé par le col de Tende met Turin et tout le Piémont en communication directe, non seulement avec Marseille, mais en même temps avec les départements du Var et des Alpes-Maritimes et avec la province de Port-Maurice, pays qui forment le debouché naturel des produits du Piémont.

Turin étant le centre du commerce et de l'industrie des provinces subalpines, a tout intérêt de favoriser le développement des pays qui l'environnent, et ce résultat ne serait pas atteint avec la ligne de Briançon qui laisse de côté les deux provinces si importantes de Coni et d'Alexandrie.

Mais on dira que la ligne de la Durance arrive
directement sur Turin comme celle du Mont-Cenis,
tandis que le chemin de fer par le col de Tende traverse la province de Coni avant d'aller à Turin, et
que les voyageurs et les marchandises dirigés sur
Milan pourront prendre la ligne d'Alexandrie ou celle
d'Asti-Casale, sans passer par Turin. Mais à cela on
peut répondre que la ligne de Nice-Coni-Turin-Milan
n'étant pas plus longue que les autres, les voyageurs
suivront de préférence le chemin direct plutôt que
de se jeter sur des lignes de traverse, sur lesquelles
on n'a pas de trains directs.

Quant aux provinces de Coni et d'Alexandrie, si
on ne fait pas la ligne du Col-de-Tende, elles enver-
ront leur produits dans le midi de la France par
Savone sans passer par Turin.

Ainsi on voit clairement que l'intérêt de Turin,
pris même à un point de vue très municipal, ne se
trouve pas en opposition avec le reste du Piémont,
et qu'elle est aussi intéressée que les autres villes à
faire adopter la ligne par le Col-de-Tende.

§ IX.

Quelle est la ligne la plus utile à la ville de Marseille ?

La ville de Marseille demande depuis quelques
années l'ouverture de la ligne de la Durance, con-
nue sous le nom du chemin de fer des Alpes ; cette
voie doit établir une communication facile entre
Marseille et les départements des Basses et Hautes
Alpes, et en même temps ouvrir un debouché sur le
Piémont plus direct que celui du Mont-Cénis.

La ville de Marseille, ainsi que celle du Turin,

placées à l'extremité de toutes les lignes proposées, est dans une position qui lui permet de profiter de celle qui sera adoptée, quelle qu'elle soit; mais il n'est pas douteux que si on examine cette question de près et au point de vue spécial des intérêts de la ville de Marseille, on est forcé à reconnaître que la ligne par Nice et le col de Tende lui est plus favorable que les autres.

Les prix de transport d'une tonne de marchandise entre Marseille et Turin, ainsi que nous l'avons déjà établi, doivent être ramenés à 37,25 fr. pour la ligne de Briançon et à 32,177 pour celle de Nice et le Col-de-Tende de sorte que le commerce de Marseille profiterait de la différence de 5,10 fr. par tonne, et pour un mouvement de 25,000 fr. par kilomètre on aurait une économie annuelle pour le commerce de 1,275,700 fr.

La ligne du Col-de-Tende se trouve dans des conditions climatériques bien autrement meilleures que la ligne par Briançon puisqu'elle ne s'élève qu'à 1065 mètres au dessus du niveau de la mer, tandis que l'autre arrive à 1515 mètres. De sorte qu'elle ne sera pas exposée aux interruptions causées par la masse des neiges, et par la tourmente, circonstance importante pour le commerce.

En dehors de ces considérations générales il y a pour Marseille un intérêt tout spécial qui doit la pousser à donner la préférence à la ligne par le Col-de-Tende.

Le chemin de fer doit non seulement desservir les pays traversés et les deux aboutissants, Marseille et Turin, mais aussi les régions placées au-delà, comme les départements de l'Hérault, l'Aude, l'Ariége, les Pyrénées-Orientales, et une partie de l'Espagne.

Il est évident que si on adopte la ligne de la Durance, les produits et les voyageurs venant de cette région, arrivés à Arles ou à Tarascon, se dirigeront sur l'Italie en passant par Avignon et laissant Marseille de côté. Tandis qu'avec la ligne du Col-de-Tende, Marseille devient le point de passage forcé de tout ce mouvement, et comme conséquence le centre du commerce de ces pays avec l'Italie du Nord.

Marseille ne doit pas se préoccuper exclusivement de la ville de Turin, mais aussi des autres centres importants du Piémont, comme Coni, Alexandrie, Mondovì, Asti, Alba.

La ligne de Briançon place Coni à 512 kilomètres de Marseille, tandis que par le Col-de-Tende la distance est réduite à 342 — Alexandrie serait à 516 kil. de Marseille par la ligne de Briançon et a 483 par celle du Col-de-Tende — Asti à 482 kil. par Briançon et 450 par le Col-de-Tende — Mondovì à 450 kil. par Briançon et 366 par le Col-de-Tende — Alba à 501 kil. par Briançon et 416 par le Col-de-Tende.

Ces distances indiquent clairement que les principales villes du Piémont se trouvent plus rapprochées de Marseille par la voie du Col-de-Tende que par celle de Briançon.

CONCLUSION.

—

Comme résumé de cette étude je donne le tableau suivant où se trouvent réunies les données les plus importantes sur les trois lignes proposées.

	LIGNE par BRIANÇON.	LIGNE par Barcelonnette et Dronero.	LIGNE par Nice et le Col-de-Tende.
Distance de Marseille à Turin.	425.000	409.000	429.000
Longueur de la ligne à construire...............	108.000	203.400	83.000
Dépense à faire	55.000.000	91.000.000	40.000.000
Subvention nécessaire.......	32.500.000	48.500.000	24.000.000
Population desservie........	543.000	951.000	1.252.000
Frais de transport d'une tonne de marchandise de Turin à Marseille...............	37.28	34.13	32.177
Tonnage des marchandises passant actuellement par le Mont-Genèvre et par le col de Tende..	5.000	5.000	15.000

L'ensemble de ce tableau indique clairement la supériorité du tracé par Nice et le Col-de-Tende sous le rapport technique et sous le rapport commercial.

Cependant cette étude repose sur une donnée qui n'est pas exacte, car j'ai supposé que le produit brut kilométrique des trois lignes était de 25,000 fr., supposition qui est toute à l'avantage des lignes par la Durance. En effet, nous avons vu que la ligne par le col de Tende, en tenant compte de l'importance des populations desservies et des relations commerciales existantes, aura un mouvement trois fois plus considérable que celle par Briançon; que le tracé par Tende profitera du passage et du séjour des nombreux étrangers qui viennent passer la saison d'hiver sur les bords de la Méditerranée, tandis que celle par Briançon se trouvera en dehors de ce mouvement.

On est donc bien forcé à admettre que le produit kilométrique sur la ligne du col de Tende sera considérablement plus élevé que celui de la ligne de la Durance, et dans cette supposition on voit de suite combien les avantages relatifs du tracé par le Col-de-Tende sur les autres augmenteront dans une proportion considérable.

On a parlé dans ces derniers temps des difficultés stratégiques soulevées par la ligne de Briançon, ce serait sortir de mon cadre que de vouloir traiter cette question à ce point de vue spécial, mais je dois néanmoins présenter une observation.

La ligne par la Durance, mettant en communication directe le bassin de cette rivière et celui du Rhône avec le bassin du Pô, doit avoir, pour le génie militaire des deux nations, une importance de premier ordre ; aussi il n'est pas douteux que le gouvernement qui trouvera dans cette ligne une menace contre la sécurité de ses frontières, s'y opposera formellement, et tous les intérêts commerciaux seront certainement sacrifiés à un intérêt supérieur de défense nationale.

La ligne par le Col-de-Tende se trouve-t-elle dans les mêmes conditions ? Elle commence à Vintimille sur le territoire italien, remonte la Roya, et avant d'arriver à Breil, elle entre sur le territoire français, qu'elle parcourt sur 17 kilomètres, pour rentrer en Italie. De sorte que les deux extrémités appartiendront à l'Italie, et la partie centrale à la France. Cette situation indique immédiatement qu'elle ne peut avoir aucune importance stratégique, car il est de principe que les lignes stratégiques dangereuses sont celles qui se dirigent perpendiculairement sur la frontière, et non celles qui lui sont parallèles et à peu de distance, parce que dans ce cas elles peuvent être facilement coupées, surtout dans ces pays alpestres où il suffit de la destruction d'un seul ouvrage d'art pour empêcher toute communication (1).

Aucune des deux nations n'ayant un intérêt stratégique dans cette ligne, ce tracé n'aura pas à surmonter les difficultés contre lesquelles toutes les lignes par la Durance viendraient se buter, et les intérêts commerciaux pourront être satisfaits sans compromettre en rien la défense de la frontière.

Une seule objection peut être faite à la ligne par le Col-de-Tende : c'est qu'en abandonnant le tracé de la Durance on laisse sans voie ferrée des centres importants tels que : Embrun et Briançon. Ces pays demandent moins une communication directe avec le Piémont, avec lequel ils ont des relations peu importantes, qu'un chemin de fer pour arriver à Marseille. Il y aurait moyen de satisfaire en même temps

(1) Le Ministre de la guerre, dans la séance du Corps législatif du 20 juin 1870, à propos de la question du chemin de St-Gothard, disait : « Une voie ferrée n'est dangereuse pour un pays que quand elle arrive perpendiculairement sur la frontière. »

aux intérêts des deux régions, sans augmenter le
montant de la subvention à donner par le gouvernement français : ce serait d'arrêter la ligne de la Durance à Briançon, en réduisant, dans la proportion
de la longueur à construire, la subvention promise à
la Compagnie Paris-Lyon-Mediterranée à 25 millions, et de reporter les 8 millions restants à la ligne
par le col de Tende. De cette manière, on donnerait
satisfaction aux demandes de la vallée de la Durance,
en ce qu'elles ont de fondé, et en même temps, on
ferait pour le département du Var et celui des Alpes-
Maritimes, un acte de justice et de bonne adminis-
tration, sans augmenter les charges de l'État.

Le gouvernement français ne peut refuser cette
satisfaction au département des Alpes-Maritimes qui
se trouve être un des moins favorisés sous le rapport
des voies ferrées.

La moyenne en France par myriamètre carré de
surface est de 4,554 kilomètres ; et par 10,000 habitants, 6,605 kilomètres. Le département des Alpes-
Maritimes ne figure dans cette statistique que pour
2,298 par myriamètre carré et 4,432 par 10,000
habitants.

Le gouvernement a fait exécuter, au moyen de
subvention et avec la garantie d'un produit net de
4 fr. 65 p. % sur un capital de 637 millions, le
nouveau réseau qui, en 1869, n'a donné qu'un produit net de 4,450 fr. par kilomètre, tandis que la
nouvelle ligne donnerait 11,750 fr.

Adopter une autre solution, ce serait sacrifier une
région au profit de celles qui, de tout temps, ont lar-
gement profité des subventions de l'État.

Mais pour arriver au résultat que nous poursuivons
depuis plusieurs années, il faut que tous les corps

constitués des régions intéressées à la ligne par le Col-de-Tende se prononcent en sa faveur, et que la presse et l'opinion publique soient unanimes, afin que les Gouvernements Français et Italien donnent à cette question une solution conforme aux intérêts généraux de la fortune publique et aux demandes justifiées des provinces qui, elles aussi, ont le droit de compter sur la sollicitude de l'État.

Nice, le 20 février 1874.

DURANDY.

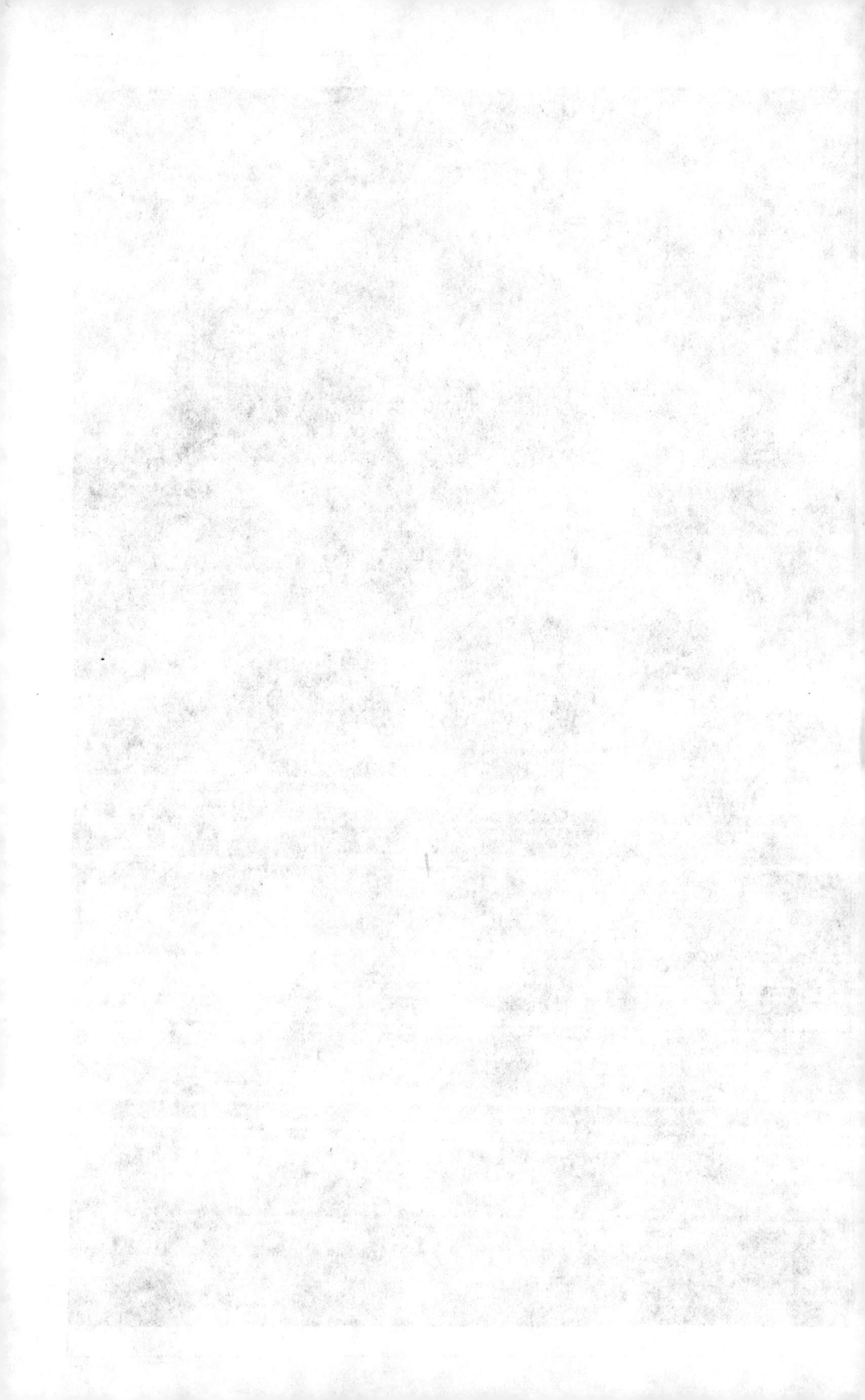

www.ingramcontent.com/pod-product-compliance
Lightning Source LLC
Chambersburg PA
CBHW050549210326
41520CB00012B/2776